Wilhelm Elsmann

Über den Begriff des höchsten Gutes bei Kant und Schleiermacher

Darstellung und vergleichende Würdigung der Auffassungen beider Philosophen,

ein Beitrag zur Geschichte der Ethik

Wilhelm Elsmann

Über den Begriff des höchsten Gutes bei Kant und Schleiermacher
Darstellung und vergleichende Würdigung der Auffassungen beider Philosophen, ein Beitrag zur Geschichte der Ethik

ISBN/EAN: 9783743416581

Hergestellt in Europa, USA, Kanada, Australien, Japan

Cover: Foto ©Thomas Meinert / pixelio.de

Manufactured and distributed by brebook publishing software (www.brebook.com)

Wilhelm Elsmann

Über den Begriff des höchsten Gutes bei Kant und Schleiermacher

ÜBER DEN BEGRIFF

DES
HÖCHSTEN GUTES BEI KANT UND SCHLEIERMACHER.

DARSTELLUNG UND VERGLEICHENDE WÜRDIGUNG
DER AUFFASSUNGEN BEIDER PHILOSOPHEN.

EIN BEITRAG ZUR GESCHICHTE DER ETHIK.

INAUGURAL-DISSERTATION

DER

HOHEN PHILOSOPHISCHEN FACULTÄT

DER KGL. UNIVERSITÄT ERLANGEN

BEHUFS

ERLANGUNG DER DOCTORWÜRDE

VORGELEGT VON

WILHELM ELSMANN,

CAND. THEOL. AUS HARZBURG.

LEIPZIG 1887.
DRUCK VON W. HARTMANN.

„Nie werde ich fertig sein, weil ich weiss und will, was ich soll."
(Schleierm. Mon. V.)

Eine Vergleichung der Ethik Kants und Schleiermachers würde auszugehen haben von einem Begriffe centraler Bedeutung, der den Systemen beider gemein ist. Ein solcher Begriff liegt vor in dem des höchsten Gutes. Wenn nun auch manche Eigenthümlichkeit der einen oder anderen von beiden Sittenlehren sich nicht direkt aus diesem Begriffe erklären lässt und z. B. bei Kant das System seiner Ethik bedingt ist durch den Standpunkt des Kriticismus, und die Methode der Transcendentalphilosophie wesentlich seinen Charakter bestimmt, von der einige annehmen, dass sie überhaupt erst in der Ethik zu wirklich positiven Resultaten gelangt, oder der Charakter der Sittenlehre Schleiermachers abhängt von dem seiner Philosophie überhaupt, so wird der Begriff des höchsten Gutes dennoch als beiden Philosophen gemeinsam und als ein Begriff von durchaus nicht nebensächlicher Bedeutung bei beiden einen trefflichen Beurtheilungsmaassstab für eine vergleichende Würdigung ihrer Ethik abgeben können; hat doch Schleiermacher selbst wesentlich diesen Begriff des höchsten Gutes als Maasstab bei den Grundlinien einer Kritik der bisherigen Sittenlehre verwendet, da er ja fast überall in der Ethik eine Rolle gespielt hat resp. niemals wohl gänzlich aus derselben verschwunden ist. Er ist es vielmehr gerade gewesen, durch den nicht nur die griech. Moralphilosophie den idealen Charakter erhalten hat, der ihr fast durchweg eigen und der selbst den Systemen der Lust nicht gänzlich abgeht, ja auf dem gerade ihre Stärke und Schwäche beruht, sondern der auch späterhin den Character der einzelnen Systeme, sofern er überhaupt in ihnen fruchtbare Verwendung gefunden, in entscheidender Weise bestimmt hat. (cf. Ziegler, Gesch. der Ethik. Bd. I.)

Als Quellen für unsere Arbeit werden wir hauptsächlich zu benutzen haben für Kant: dessen Kritik der reinen Vernunft, Grundlegung zur Metaphysik der Sitten, Kritik der praktischen

Vernunft, Kritik der Urtheilskraft (Anhang), Religion innerhalb der Grenzen der blossen Vernunft (und legen wir hier die Ausgabe von Kirchmann zu Grunde), für Schleiermacher sodann: die Abhandlungen über die wissenschaftliche Behandlung des Tugendbegriffs, des Pflichtbegriffs, über den Begriff des höchsten Gutes Abhdlg. I u. II, über den Begriff des Erlaubten und über den Unterschied zwischen Natur- und Sittengesetz in Ges. Werke Abth. III. Bd. II.

Als Hülfsmittel werden sich uns aus der reichen Literatur, abgesehen von den gängigsten Werken über die Geschichte der Philosophie, besonders empfehlen für Kant: A. Dorner, Ueber die Principien der Kantischen Ethik, Halle 1875, für Schleiermacher: Vorländer, Schleiermachers Sittenlehre, Marburg 1851. Manchen Gesichtspunkt gab mir auch an die Hand G. Class, Ideale und Güter, Erlangen 1886.

Um die Construction des Begriffes vom höchsten Gut bei Kant zu reproduciren, werden wir vor Allem den Ausgangspunkt der Construction zu bestimmen haben. Da nun der Begriff des höchsten Gutes als ein in der Ethik hergebrachter von Kant in so oder so bestimmter, überlieferter Gestalt vorgefunden wird, so wird die Untersuchung über diesen Ausgangspunkt der Construction des Begriffes bei Kant im Wesentlichen eine Antwort auf die Frage sein: Wie ist durch den Standpunkt Kants, d. h. durch die Resultate seines Kriticismus eine neue Fassung des Begriffes vom höchsten Gut vorbereitet resp. nothwendig geworden? eine Frage, deren zureichende Beantwortung zuerst eine Prüfung der ethischen Principienlehre Kants sowohl ihrer Grundlegung im Allgemeinen als auch ihrer Begriffe im Besonderen nöthig macht.

Die Moralphilosophie Kants ist, wie allgemein anerkannt, ihrer Grundlegung nach bestimmt durch die Resultate der transcendentalen Untersuchungen in der Kritik der reinen Vernunft. Im zweiten Abschnitt des Canons der reinen Vernunft (Kr. d. r. Vern. pag. 622/23) weist Kant ihr von den drei Fragen, in die sich das Interesse der (speculativen sowohl als praktischen) Vernunft vereinigt, zur Beantwortung die zweite zu: Was soll ich thun? und bestimmt gleich im Folgenden ihre Aufgabe in entscheidender Weise näher. Was nämlich zu thun sei, wenn wir der Glückseligkeit theilhaftig werden wollen, räth uns das pragmatische Gesetz (Klugheitsregel), wie wir uns aber verhalten sollen, um nur der Glückseligkeit würdig zu werden, das gebietet das moralische oder Sittengesetz; das erstere gründet sich auf empirische Principien, das andere kann auf blossen Ideen der reinen Vernunft beruhen und a priori erkannt werden. Diese auf Grund seines erkenntnisstheoretischen Standpunktes gewonnene Unterscheidung nun wird bestimmend für den Charakter seines ganzen Systems, indem Kant nicht bloss bei der gesetzten Möglichkeit stehen bleibt, sondern gleich im Folgenden dazu fortgeht, auch die Wirklichkeit solcher rein moralischen Gesetze, die völlig a priori (ohne Rücksicht auf empirische Bewegungsgründe, d. i. Glückseligkeit) das Thun und Lassen, das ist „den Gebrauch der Freiheit eines vernünftigen Wesens überhaupt schlechterdings und in jeder Hinsicht nothwendig bestimmen," auf Grund des sittlichen Bewusstseins vorauszusetzen. Denn nunmehr kann er in der Grundlegung zur Metaphysik der Sitten, pag. 4/5, die eigentliche, die reine Ethik, die er dort bestimmt als Wissenschaft von der Freiheit im Gegensatz zur Physik, der Wissenschaft von der Natur, frei machen von ihrem empirisch-praktischen Theil, der Anthropologie, und ihren rationalen Theil (aus Principien a priori), die eigentliche Moral, postuliren als eine Metaphysik der Sitten im Parallelismus mit der der (empir.) Physik vorauszuschickenden Metaphysik der Natur und ist somit schon durch die Grundlegung seiner Ethik bewahrt vor der zu seiner Zeit herrschenden Begründung des Sittlichen in der Empirie, oder, wie wir des Näheren zeigen werden, vor dem realistischen Eudämonismus sowohl, als auch vor der rationalistischen Vollkommenheitslehre im Geschmacke des 18. Jahrhunderts. Sein Weg wird vielmehr der sein, das Sittliche aus der formellen Allgemeinheit des Denkens selber abzuleiten. Diesen Weg wollen wir nun in der Kürze verfolgen, indem wir noch besonders die Begriffe berücksichtigen, die auch bei Schleiermacher eine grosse Rolle spielen: Tugend, Pflicht, Natur- und Sittengesetz.

„Was ist gut?" mit dieser Frage hebt Kant in seiner ethischen Principienlehre, der Grundlegung zur Metaphysik der Sitten, pag. 10, seine Untersuchung an, und die Antwort lautet: „allein ein guter Wille." Weder gute Eigenschaften des Temperamentes, Talente, noch Glücksgaben halten den Vergleich aus mit dem guten Willen, der nicht durch die Tauglichkeit zur Erreichung eines vorgesetzten Zweckes, sondern allein durch das Wollen, das an sich gut ist, jedoch der gute Wille gefasst nicht als ein blosser Wunsch, sondern als die Aufbietung aller Mittel. Dieser Wille nun darf nicht als das einzige und ganze, aber er muss doch das höchste Gut und zu allem übrigen, selbst allem

Verlangen nach Glückseligkeit die Bedingung sein. Dieser Gedanke von dem absoluten Werthe des blossen Willens, der von grosser Bedeutung für die Kantische Ethik ist, weil er ermöglicht, von den Motiven und damit auch den Zielen des sittlichen Handelns alle Triebfedern empirischer Art z. B. Lust etc. auszuschliessen, wird dann näher entwickelt an dem Begriffe der Pflicht. Grdlg. z. Met. pag. 14. Da wird in erster Linie der pflichtgemässen Handlung aus Neigung die Handlung aus Pflicht als die allein moralische entgegengesetzt, und der moralische Werth der Handlung nicht von der Wirklichkeit des Gegenstandes derselben, sondern allein von dem Princip des Wollens (der Maxime) abhängig gemacht, in einem dritten Satze endlich die Pflicht bestimmt als „Nothwendigkeit einer Handlung aus Achtung für's Gesetz" pag. 18 Grdlg. Daraus ergiebt sich, dass bei einer wahrhaft guten Handlung die Maxime übereinstimmen muss mit dem Gesetz, das in strenger Allgemeinheit für jedes vernünftige Wesen, sofern es Willen hat, gelten muss, d. h. die Maxime muss die Form der Gesetzmässigkeit an sich tragen, wenn sie dem Willen zum Princip dienen soll. „Meine Maxime ist dann gut, wenn ich wollen kann, dass sie ein allgemeines Gesetz werde, Grdlg. pag. 20, und nicht sowohl der Inhalt, als vielmehr die Form macht den moralischen Werth einer Handlung aus." Kants Moralprincip ist also nicht ein materiales, sondern formales. „So bedarf es zwar für die Moral zum Rechthandeln keines Zweckes, sondern das Gesetz, welches die formale Bedingung des Gebrauches der Freiheit überhaupt enthält, ist ihr genug. Aber aus der Moral geht doch ein Zweck hervor" dahin fasst Kant das Resultat unseres Bisherigen in der Relig. i. d. Gr. pag. 3 zusammen, fortfahrend: „So ist es zwar nur eine Idee von einem Objekte, welches die formale Bedingung aller Zwecke, wie wir sie haben sollen (die Pflicht) und zugleich alles damit zusammenstimmende Bedingte aller derjenigen Zwecke, die wir haben (die jener ihrer Beobachtung angemessene Glückseligkeit) zusammen vereinigt in sich enthält, das ist die Idee eines höchsten Gutes in der Welt ....." Dieses nun zu untersuchen d. h. zu zeigen, wie Kants formales Moralprincip bei ihm doch einen Inhalt gewinnt in der Idee des höchsten Gutes, ist die Aufgabe des Folgenden.

In vernünftigen Wesen, die durch sinnliche Triebe bestimmt sind, können neben dem Gesetz noch andere Triebfedern wirksam sein. Das Gesetz kann nicht als Zwang, sondern nur als Nöthigung auf sie wirken und das Sittengesetz wird in ihnen als Pflicht erscheinen, als ein Gebot, das auftritt in der Form eines Imperativs: du sollst! Doch die Form des Imperativs hat nicht nur das Sittengesetz, sondern es stehen unter ihr alle praktischen Gesetze überhaupt, jedoch mit dem Unterschiede, dass der Gegenstand der letzteren eine zweckdienliche Handlung ist, die nur als Mittel gut ist, während der Gegenstand des ersteren Imperativs der Sittlichkeit ein an sich Gutes ist, daher er ein kategorischer Imperativ im Gegensatz zu jenen, den hypothetischen, genannt wird. Die Pflicht also kann nur ein kategorischer Imperativ ausdrücken. Eine moralische Handlung aber, als ihrem Werthe nach allein abhängig von dem Princip des Wollens, ist Zweck an sich selbst, während die bedingten Zwecke entweder Glückseligkeit oder praktisch technische Bildung sind. Im Unterschied von den Imperativen, die auf diese gehen, den Klugheitsregeln und praktischen Gesetzen, den pragmatischen und technischen Geboten, bestimmt der kategorische Imperativ oder der Imperativ der Sittlichkeit apodiktisch, unbekümmert um das jedesmalige Willensmaterial den Willen durch ein allgemein nothwendiges Gesetz (Grdlg. z. Met. d. S. pag. 48). Als allgemeingültiges aber ist dieses Sittengesetz nie aus dem Begriffe des Willens sofern er empirisch gegeben, ableitbar, sondern muss vielmehr in synthetischer Verbindung mit dem Willen stehen. Das Sittengesetz gilt also unabhängig von aller Erfahrung und ohne Rücksicht auf diese schlechterdings a priori, d. h. es bildet das Gebot des kategorischen Imperativs einen synthetischen Satz a priori (Grdlg. pag. 67). Positiv ausgedrückt, besteht es in einem Willen von absoluter Gesetzmässigkeit rücksichtlich seiner Handlung sowohl, als besonders auch rücksichtlich seiner Maxime, die so beschaffen sein muss, dass sie Naturgesetz werden könnte. Ein solcher Imperativ ist nicht möglich, wenn die Triebfedern des Willens empirischer Art sind; es bleibt somit nur noch übrig ein reiner oder formaler Wille als Princip des kategorischen Imperativs (cf. Kr. d. pr. V. pag. 77). Bezeichneten wir oben (pag. 6) die moralische Handlung, da sie allein abhängig von dem Princip des Wollens, als Zweck an sich selbst, so wird nunmehr im Gegensatz zu jedem auf empirische Principien, d. i. relative oder subjective Zwecke sich gründenden hypothetischen Imperativ, der kategorische sich ergeben als bestimmt durch einen absoluten Zweck (cf. Kr. d. U. pag. 338), der niemals als Mittel gelten kann, sondern Zweck an sich selbst ist, d. i. die Person, deren absoluter oder moralischer Werth eben ihre Würde ausmacht. Denn (cf. Kr. d. U. pag. 329 30) nach dem gemeinsten Menschenverstande schon kann das Dasein der Dinge, der Geschöpfe, ja der Welt überhaupt, nur verstanden werden, wenn der Mensch als ihr Endzweck gedacht wird, und dieses nicht bloss, damit sie durch ihn erkannt werde d. h. nach Seite seines Erkenntnissvermögens, auch nicht nach Seite seines Gefühls, damit er durch sie zur Glückseligkeit gelange, sondern nur durch das, was er nicht als Naturglied, sondern in der Freiheit seines Begehrungsvermögens handelt, d. h. in Beziehung auf seinen guten Willen. Mit anderen Worten: nur als moralisches Wesen kann der Mensch als Grund der Schöpfung anerkannt werden oder, wie Kant sich Relig. pag. 68 selber ausdrückt: „Das, was allein eine Welt zum Gegenstande des göttlichen Rathschlusses und zum Zwecke der Schöpfung machen kann, ist die Menschheit (das vernünftige Weltwesen überhaupt) in ihrer moralischen Vollkommenheit, wovon, als oberster Bedingung, die Glückseligkeit die unmittelbare Folge in dem Willen des höchsten Wesens ist." Somit zeigt sich, wenn wir uns das Sittengesetz erfüllt denken, d. i. als Endzweck, eine moralische Welt als ein Reich der Zwecke, beruhend auf der gegenseitigen Würdigung seiner einzelnen Glieder als Selbstzwecke (cf. Grdlg. pag. 64. Kr. d. U. pag. 331). In diesem Reiche der Zwecke dürften nicht subjektive Gefühle der Lust und Unlust die treibenden Motive sein, sondern der Wille würde das Gesetz erfüllen um des Gesetzes willen oder, wie wir oben sahen, aus Achtung fürs Gesetz. Ein Verhältniss, das im letzten Grunde hinweist auf ein eigenes Gesetz des Willens selbst, ein praktisches Vernunftsgesetz, wie Kant es nennt, einen autonomen Willen (cf. Grdlg. pag. 67). Die Möglichkeit solcher Autonomie gründet sich auf den Begriff der Freiheit (Grdlg. pag. 82),

d. h. die Unabhängigkeit von äusseren Ursachen, die durchaus nicht Unabhängigkeit von allen Ursachen, d. i. Willkür statuirt. Denn der Begriff des freien Willens schliesst als solcher ein gesetzmässiges Handeln nicht aus. Nur den Naturgesetzen unterliegt der freie Wille nicht, da er als Gegenstand der Erfahrung oder in der Natur nicht möglich ist; sein Gebiet ist ja aber auch eine intelligible Welt (cf. Kr. d. pr. V. pag. 126). Die Erscheinungswelt nämlich ist als solche nicht der Ort der sittlichen Welt, da es eine vollendete Sittlichkeit dort nicht giebt. Denn, sucht man in ihr Tugend, so besteht diese nur als ein stetiger Kampf mit empirischen Triebfedern. Wohl aber ist Freiheit, das Vermögen der Sittlichkeit, möglich als Eigenschaft eines Wesens, das den Bedingungen der Zeit nicht unterliegt, nicht Erscheinung und nicht Vorstellung, sondern Ding an sich ist, also als Eigenschaft nicht sowohl eines Gliedes der Sinnenwelt, als der intelligibeln Welt. Da wir aber vermöge der Natur unserer Vernunft uns unter beiden Gesichtspunkten erscheinen, als empirischer Charakter nämlich sowohl als auch als intelligibler Charakter, so sind wir als erstere zeitlich oder überhaupt empirisch bedingt, als das zweite aber frei. Das Gesetz also, das sich der Wille, ohne empirisch bedingt zu sein, giebt, trägt den Charakter reiner moralischer Nothwendigkeit (cf. Kr. d. pr. V. pag. 126/27). Um noch einmal das Vorhergehende zusammenzufassen: „Das moralische Gesetz, als formale Vernunftbedingung des Gebrauchs unserer Freiheit, verbindet uns für sich allein, ohne von irgend einem Zwecke, als materialer Bedingung, abzuhangen; aber es bestimmt uns doch auch, und zwar a priori, einen Endzweck, welchem nachzustreben es uns verbindlich macht, und dieser ist das höchste, durch Freiheit mögliche Gut in der Welt" (Kr. d. U. p. 338).

Dieser Kantische Begriff der Freiheit nun ist, wie er in der Vorrede zur Kr. d. pr. V. pag. 6 selbst sagt, „der Stein des Anstosses für alle Empiristen, aber auch der Schlüssel zu den erhabensten Grundsätzen für alle kritischen Moralisten, die dadurch einsehen, dass sie nothwendig rational verfahren müssen." Und in der That hat auch nur dieser, im letzten Grunde auf der Unterscheidung von Phaenomena und Noumena beruhende Begriff unserem Philosophen es möglich gemacht, statt wie die populäre sittliche Weltweisheit des 18. Jahrhunderts, einen empirischen Willen, einen reinen a priorischen Vernunftwillen zu statuiren und in der Analytik der Kr. d. prakt. Vern. Grundsätze einer reinen praktischen Vernunft zu formuliren, die seine Sittenlehre unterscheiden müssen von der Glückseligkeitslehre des Eudaemonismus wie auch von jeder rationalistischen Vollkommenheitslehre. Doch beruht Kants Standpunkt nicht sowohl auf einer Entgegensetzung beider als auf ihrer Vereinigung zu einem höheren Dritten. „Die reine prakt. Vernunft will nicht, man solle die Ansprüche auf Glückseligkeit aufgeben, sondern nur, sowie von Pflicht die Rede, ist gar nicht darauf Rücksicht zu nehmen (Kr. d. pr. V. pag. 112), gleichwie auf die eigene Vollkommenheit [denn die fremde kann nur der Andere selbst fördern] lediglich, weil es Pflicht ist, gefördert werden soll. Der Grund aller Verirrungen aber der Philosophen in Ansehung des obersten Principes der Moral ist zu suchen in der falschen Methode ihrer moralischen Untersuchungen, denn sie suchten einen Gegenstand des Willens auf, um ihn zur Materie und dem Grunde eines Gesetzes zu machen (welches alsdann nicht unmittelbar, sondern vermittels jenes an das Gefühl der Lust oder Unlust gebrachten Gegenstandes Grund des Willens sein sollte), anstatt dass sie zuerst nach einem Gesetze hätten forschen sollen, das a priori und unmittelbar den Willen und diesem gemäss allererst den Gegenstand bestimmte" (Kr. d. pr. V. pag. 77). Ihr Grundsatz war allemal Heteronomie, sie mussten auf empirische Bedingungen zu einem moralischen Gesetze stossen, mochten sie diesen Gegenstand der Lust, der den obersten Begriff des Guten abgeben sollte, in die Glückseligkeit, die Vollkommenheit, das moralische Gefühl oder den Willen Gottes setzen. Daher der Fehler der Alten, dass sie moralische Untersuchungen gänzlich auf die Bestimmung des Begriffes vom höchsten Gute, mithin eines Gegenstandes setzten, welchen sie nachher zum Bestimmungsgrunde des Willens im moralischen Gesetze zu machen gedachten, ein Object, welches weit hinterher, wenn das moralische Gesetz allererst für sich bewährt und als unmittelbarer Bestimmungsgrund des Willens gerechtfertigt ist, dem nunmehr seiner Form nach a priori bestimmten Willen als Gegenstand vorgestellt werden kann (Kr. d. pr. V. p. 78), wie es auch Kant in der Dialektik thut. Denn „diese sucht als reine praktische Vernunft zu dem praktisch Bedingten (was auf Neigungen und Naturbedürfniss beruht) das Unbedingte, und zwar nicht als Bestimmungsgrund des Willens, sondern, wenn dieser auch (im moralischen Gesetze) gegeben worden, die unbedingte Totalität des Gegenstandes der reinen praktischen Vernunft unter dem Namen des höchsten Gutes" (Kr. d. pr. V. pag. 130).

Doch gehen wir nunmehr zur Darstellung unseres Begriffes bei Kant selber über. Hier (Kr. d. pr. V. pag. 132) geht Kant aus von der Bestimmung des Begriffes „höchstes", das einmal bedeuten kann das oberste (supremum), d. i. „diejenige Bedingung, die selbst unbedingt ist, sodann das vollendetste, d. i. „dasjenige Ganze, das kein Theil eines noch grösseren Ganzen von derselben Art ist." Höchstes Gut im Sinne von oberstes Gut ist aber noch nicht das ganze und vollendete Gut, denn dazu wird auch dem natürlichen Bedürfniss der Menschheit gemäss Glückseligkeit erfordert. Beide Momente dagegen, zu einem Begriffe verknüpft, machen nicht nur das werthvollste, sondern auch die Summe aller Güter aus. Doch wie ist die Verknüpfung der Begriffe Tugend, d. i. sittliche Vollkommenheit und Glückseligkeit als Bestimmungen des höchsten Gutes zu denken? Beruht ihre Einheit auf einer analytischen (logischen) Verknüpfung oder ist sie eine synthetische (reale) Verbindung, d. h. findet sie statt auf Grund des Gesetzes der Identität oder des der Kausalität? Mit anderen Worten: sind die Bestrebung, tugendhaft zu sein und das vernünftige Streben nach Glückseligkeit identische Handlungen, hervorgegangen aus ein und derselben Maxime, oder ist die Tugend die Ursache der Glückseligkeit? Stoiker und Epikuräer haben, wenn auch jeder in anderer Weise, fälschlich die beiden, wie Kant nachgewiesen hat, in Ansehung ihres obersten praktischen Principes völlig ungleichartigen Begriffe auf die Regel der Identität zurückgeführt, und die Lösung der Frage nach der Möglichkeit des höchsten Gutes ist ihnen eben deshalb nicht gelungen, weil Glückseligkeit und Sittlichkeit zwei spezifisch verschiedene Elemente im Begriffe des höchsten Gutes sind, deren Verbindung also nicht analytisch erkannt werden kann, sondern eine Synthesis der Begriffe ist, die als a priori, mithin als nicht aus der Erfahrung abgeleitet erkannt wird. Folglich muss die Möglichkeit des höchsten Gutes nicht auf empirischen, sondern auf Erkenntnissgründen a priori beruhen (cf. Kr. d. pr. V. pag. 136). Diese Bestimmung im Begriffe des höchsten Gutes führt Kant auf eine Antinomie der praktischen Vernunft. Als analytisch nämlich könnte die Verbindung der beiden Elemente des höchsten Gutes nicht gedacht werden, also muss sie synthetisch und zwar als Verknüpfung von Ursache und Wirkung gedacht werden, d. h. es muss nothwendig die Begierde nach Glückseligkeit die Ursache zur Maxime der Tugend, oder umgekehrt die Maxime der Tugend nothwendig die Ursache der Glückseligkeit sein. Das erste aber ist unmöglich, weil ja Maximen, die den Bestimmungsgrund des Willens in dem Verlangen nach Glückseligkeit setzen, „gar nicht moralisch sind und keine Tugend gründen können", das zweite ist aber auch unmöglich, weil alle praktische Verknüpfung von Ursache und Wirkung in der Welt nicht durch die moralische Gesinnung des Willens, sondern durch die Kenntniss der Naturgesetze und die Herrschaft über diese bedingt ist und „folglich keine nothwendige und zum höchsten Gut zureichende Verknüpfung der Glückseligkeit mit der Tugend in der Welt durch die pünktlichste Beobachtung der moralischen Gesetze erwartet werden kann." Die Beförderung des höchsten Gutes ist aber durch das moralische Gesetz zu einem a priori nothwendigen Objecte unseres Willens gemacht, folglich müsste mit der praktischen Unmöglichkeit des höchsten Gutes sich auch die Falschheit des moralischen Gesetzes ergeben, das doch unmittelbar im Bewusstsein der Menschen gegründet (Kr. d. pr. V. pag. 137). Soweit die Antinomie, der nunmehr die kritische Auflösung folgt. Der erste von den beiden Sätzen, durch den die Antinomie die postulirte Synthese von Tugend und Glückseligkeit im Begriffe des höchsten Gutes als eine Verknüpfung von Ursache und Wirkung dahin zu erklären versuchte, dass das Bestreben nach Glückseligkeit einen Grund tugendhafter Gesinnung hervorbringe, ist schlechterdings falsch, nicht so der zweite, dass Tugendgesinnung nothwendig Glückseligkeit hervorbringe, sondern dieser nur, wenn die Verknüpfung von Ursache und Wirkung gedacht ist, wie sie für uns als Phaenomena statt hat. Da wir aber als Noumena, als Glieder einer Verstandeswelt am moralischen Gesetz einen rein intellectuellen Bestimmungsgrund unserer Kausalität (in der Sinnenwelt) haben, „so ist es nicht unmöglich, dass die Sittlichkeit der Gesinnung einen, wo nicht unmittelbaren, doch mittelbaren (vermittels eines intelligibeln Urhebers der Natur) und zwar nothwendigen Zusammenhang als Ursache mit der Glückseligkeit als Wirkung in der Welt habe". Somit ist der scheinbare Widerstreit der praktischen Vernunft mit sich selbst gelöst, und das höchste Gut der nothwendige höchste Zweck eines moralisch bestimmten Willens, ein wahres Object derselben, wenn auch die Möglichkeit des höchsten Gutes nur in der Verknüpfung mit einer intelligibeln Welt zu suchen ist im Gegensatz zu den Philosophen alter und neuer Zeit, die schon in diesem Leben desselben als der proportionalen Verknüpfung von Tugend und Glückseligkeit sich bewusst zu sein, sich haben überreden können (cf. Kr. d. pr. V. pag. 138). Wir haben gefunden, dass das oberste Gut, die erste Bedingung des höchsten, Sittlichkeit ist, und dass Glückseligkeit das zweite Element desselben ausmacht, nämlich als moralisch bedingte aber doch nothwendige Folge des ersteren, dass ferner in dieser Unterordnung allein das höchste Gut das ganze Object der reinen praktischen Vernunft ist. „Wenn nun aber die Möglichkeit einer solchen Verbindung des Bedingten mit seiner Bedingung gänzlich zum übersinnlichen Verhältniss der Dinge gehört," die praktischen Folgen aber dieser Idee, nämlich die Handlungen zur Verwirklichung des höchsten Gutes, der Sinnenwelt angehören, so sind noch die Gründe jener Möglichkeit näher zu untersuchen.

Da die Bewirkung des höchsten Gutes in der Welt das nothwendige Object eines durch das moralische Gesetz bestimmbaren Willens, in diesem aber die völlige Angemessenheit der Gesinnung zum moralischen Gesetz, d. i. Heiligkeit die oberste Bedingung des höchsten Gutes ist, deren freilich kein vernünftiges Wesen der Sinnenwelt je fähig, und die dennoch praktisch gefordert wird und somit nur in einem in's Unendliche gehenden Progressus angetroffen werden kann, so ist, um diesen Progressus als möglich denken zu können, die Voraussetzung einer in's Unendliche fortdauernden Existenz unserer Persönlichkeit, d. i. Unsterblichkeit der Seele zu postuliren, d. h. das höchste Gut ist praktisch nur unter der Voraussetzung der Unsterblichkeit der Seele möglich. Zur Möglichkeit aber jenes zweiten Elementes im Begriffe des höchsten Gutes, nämlich der jener sittlichen Vollkommenheit angemessenen Glückseligkeit, ist die Voraussetzung des Daseins einer dieser Wirkung adaequaten Ursache zu machen, d. i. ein Wesen, das durch Verstand und Wille die Ursache der Welt ist, d. i. die Existenz Gottes zu postuliren. Also nur durch Uebereinstimmung mit einem moralisch-vollkommenen zugleich auch allgewaltigen Willen können wir hoffen, das höchste Gut, das nothwendige Object eines unbedingten moralischen Gesetzes, zu erreichen. Und hatte die speculative Vernunft den Gottesbegriff nicht fassen können, so ist es der praktischen möglich geworden durch den Begriff des höchsten Gutes. „Moral also führt unumgänglich zur Religion, wodurch sie sich zur Idee eines machthabenden moralischen Gesetzgebers ausser dem Menschen erweitert, in dessen Willen dasjenige Endzweck (der Weltschöpfung) ist, was zugleich der Endzweck des Menschen sein kann und soll" (Relig. pag. 4/5). Das höchste Gut „zusammt den einzigen für uns denkbaren Bedingungen ihrer Möglichkeit", nämlich dem Dasein Gottes und der Seelen-Unsterblichkeit, sind Glaubenssachen, und zwar die einzigen unter allen Gegenständen, die so genannt werden können" (cf. Kr. d. U. pag. 362, cf. Relig. pag. 166/167). Schon in der Grundlegung z. M. d. S. pag. 29 hatte Kant das Wissen von einem Gott „als dem höchsten Gut" zurückgeführt auf die „Idee, die die Vernunft a priori von sittlicher Vollkommenheit entwirft und mit dem Begriffe eines freien Willens unzertrennlich verknüpft." Auch in der Religion i. d. G. d. b. V. spricht er es verschiedentlich und am klarsten in der oben genannten Stelle pag. 166/67 aus, dass die Möglichkeit des höchsten Gutes zuletzt von dem Dasein eines moralischen Weltherrschers abhängt. In demselben Werke pag. 115/117 giebt er unserem Begriffe auch noch die neue Beziehung, dass seine Verwirklichung sich nur durchsetzen könne in einem ethischen Gemeinwesen, welches als solches nicht selbst sich Gesetze geben kann, sondern dieselben empfangen muss von einem „Herzenskündiger und zwar nicht in der Form von juridischen Statuten, sondern von Tugendgesetzen. „Jede Gattung vernünftiger Wesen ist nämlich objectiv, in der Idee der Vernunft, zu einem gemeinschaftlichen Zwecke, nämlich der Beförderung des höchsten, als eines gemeinschaftlichen Guts bestimmt" (Rel. pag. 115). „Das ist" aber „die menschlichen Augen unbemerkte, aber beständig fortgehende Bearbeitung des guten Princips, sich im menschlichen Geschlecht, als einem gemeinen Wesen nach Tugendgesetzen, eine Macht und ein Reich zu errichten, welches den Sieg über das Böse behauptet und unter seiner Herrschaft der Welt einen ewigen Frieden zusichert" (Relig. pag. 147). Vollendet aber ist das höchste Gut erst dann, wenn alles Erdenleben ein Ende hat und die Unsterblichkeit anhebt, die Form einer Kirche, eines Reiches Gottes auf Erden, sich auflöst, der Mensch vielmehr ein Himmelsbürger wird, „Gott alles in allem ist" (Rel. pag. 162).

Wenden wir uns nunmehr zur Darstellung des Begriffes vom höchsten Gut bei Schleiermacher, so werden wir auch hier zuerst zu fragen haben nach dem Ausgangspunkt der Construction. Doch hatten wir bei Kant, dessen Weltanschauung in einem einheitlichen Systeme uus vorlag, die Frage etwa dahin formuliren können: Inwiefern ist durch den philosophischen Standpunkt Kants eine (eigenthümliche) besondere Fassung des Begriffes vom höchsten Gute bedingt? so liegt die Sache bei Schleiermacher wesentlich anders. Denn die ethischen Arbeiten Schleiermachers haben eine weit selbstständigere Stellung als die Kants und resultiren nicht in dem Maasse wie bei diesem aus allgemeinen kritisch-philosophischen Ansichten, die uns in systematischer Form vorlägen. Eine weit selbstständigere Stellung als bei Kant nimmt vor Allem aber auch bei Schleiermacher der Begriff des höchsten Gutes selbst ein, durch dessen Analyse er erst eine Ethik gewinnen will, ohne die Fehler, die er in den „Grundlinien einer Kritik der bisherigen Sittenlehre" an den früheren Systemen nachweist. Ja, während Kant, wie wir sahen, durch den Gang seiner Untersuchungen, also durch ein rein theoretisches Bedürfniss, auf unseren Begriff geführt wird, ist es bei Schleiermacher wesentlich der praktische Gesichtspunkt, in anderen Systemen entdeckte Mängel in einem etwaigen seinigen zu vermeiden, der ihn zu dem Begriffe vom höchsten Gut seine Zuflucht nehmen lässt. Die früheren Systeme der Ethik nämlich mit kritischem Auge durchmusternd, hat er in den „Grundlinien einer Kritik der bisherigen Sittenlehre" gefunden, dass sie, wesentlich dargestellt als Tugend- oder Pflichtenlehre, in ihren Begriffen und Grundsätzen unvollständig und unklar; dass die Ethik aber ihre bisherigen Mängel und Schwächen verlieren und auch für das praktische Leben wieder wahrhaft fruchtbringend würde durch Wiederaufnahme des seit Plato vernachlässigten Begriffes vom höchsten Gut. In diesen Grundlinien e. Kr. d. bisher. Sittenlehre würden wir den Ausgangspunkt der Construction unseres Begriffes, seine Wurzeln, wie sie sich bestimmen im Verhältniss zu den anderen obersten ethischen Begriffen und Principien zu suchen haben; denn in ihnen haben wir die erste ethische Schrift Schleiermachers von systematischer Bedeutung. Was nämlich „die Monologen", sein geniales Jugendwerk anlangt, so mag es genügen, dessen Grundansicht in ihrem durchgreifenden Unterschiede von der seiner Vorgänger auf dem Gebiete der Ethik etwa mit Vorländer (pag. 73) dahin zusammenzufassen, dass sie den Menschen nicht als Vernunft- und Sinnenwesen oder als reines und empirisches Ich auffasst, sondern in lebendiger Einheit von Natur und Geist und daher auch in lebendiger Gemeinschaft mit der Welt der Menschen, eine Einheit des sittlichen Wesens, die sich darstellt in der bestimmten concreten Totalität der Persönlichkeit und ihrer fortschreitenden Entwicklung. — Anstatt aber den ausführlichen Untersuchungen der „Grundlinien" zu folgen, werden wir bei unserer Darstellung uns lieber halten an die späteren Abhandlungen über die wissenschaftliche Behandlung des Tugendbegriffs, des Pflichtbegriffs etc., von denen wir schon oben als von unseren Quellen redeten, und die in kürzerer positiver Darstellung wesentlich die Resultate enthalten, die in negativer Form, wenn auch als solche, die „Grundlinien" eruirten, zumal da eben diese Abhandlungen es sind, auf die sich direct die beiden Abhandlungen über unseren Begriff selber beziehen. Wir werden übrigens bei diesem Verfahren zugleich den Vortheil für den dritten Theil unserer Abhandlung, der Vergleichung der Auffassungen beider Philosophen hinsichtlich des Begriffes vom höchsten Gut, gewinnen, dass dadurch in den Vordergrund unserer Betrachtung wiederum dieselben Begriffe gerückt werden, die auch bei Kant wesentlich die Fassung des Begriffes vom höchsten Gute bedingten. Auf das System der Sittenlehre selber zu recurriren, wird es aber kaum bedürfen, da diese in ihrer „Güterlehre" wesentlich aus obigen Abhandlungen resultirt. Bevor wir jedoch dem Inhalt der genannten Abhandlungen selber näher treten, sei noch dieses vorausgeschickt, dass es sich in ihnen für Schleiermacher nicht etwa handelt um eine speculative oder kritische Begründung dieser höchsten sittlichen Begriffe, deren Namen sie an der Spitze führen, eine Begründung, wie sie Schleiermacher etwa in einem während der Abfassung der „Grundlinien" als nothwendig erkannten und demgemäss beabsichtigten allgemeinen Theil der Sittenlehre gegeben hätte, sondern vielmehr um eine dialectische Bearbeitung dieser Begriffe für ihre etwaige Verwendung bei einer wissenschaftlichen Behandlung der Ethik.

„Wer eine Darstellung des Tugendbegriffes versuchen will," das ist das erste Resultat, zu dem Schleiermacher in seiner Abhandlung: „Ueber die wissenschaftliche Behandlung des Tugendbegriffs" gelangt, ausgehend von den Umständen, die die Darstellung des Sittlichen unter dem Begriffe der Tugend bislang verwirrten, „der muss 1. nicht den allgemeinen Begriff der Tugend und die Erklärungen der einzelnen Begriffe wieder für sich zu Stande bringen, sondern beide nur in Beziehung aufeinander, sodass er mit keinem allgemeinen Begriff der Tugend zufrieden ist, es sei denn ein solcher, in welchem er schon die Theilungsgründe erblickt, mit denen sich die einzelnen Tugenden ableiten und ordnen lassen und so auch mit keiner Erklärung der einzelnen Tugend, es sei denn, dass er darin dasjenige nachweisen könne, was nur von einer beschränkenden Bestimmtheit befreit werden darf, um in dem allgemeinen Begriff der Tugend gefunden zu werden", der muss 2. „die grosse Menge Bezeichnungen lobenswürdiger oder beliebter menschlicher Eigenschaften," die der Sprachschatz aufweist, unter möglichst wenige Einheiten auf Grund einer Sichtung und Reinigung der Sprache zurückführen. Die drei gepaarten Begriffe nun Gutes und Uebel, Tugend und Laster, pflichtmässiges und pflichtwidriges Handeln nehmen jeder für sich allein den ganzen Umfang des Sittlichen ein und setzen der eine den anderen voraus, jedoch so, „dass Tugend, Gut und Pflicht nicht an und für sich dasselbe seien (pag. 358), dass auch nicht eine einzelne Tugend, einzelne bestimmte pflichtmässige Handlungen oder Güter nothwendig bedinge" d. h. die drei Ausdrücke: Gut, Tugend und Pflicht stellen jeder das Sittliche in einer anderen Beziehung dar, und zwar wird speciell im Tugendbegriff das Sittliche dargestellt „als Kraft, welche im einzelnen Leben ihren Sitz hat", als das Zusammensein jenes allgemein anerkannten Zwiefachen im Menschen, des Vernünftigen und Unvernünftigen, Geistigen und Sinnlichen, Höheren und Niederen und zwar unter der Form des Gebietens von Seite des Höheren und des Gehorchens von Seite des Niederen, d. h.: „die Tugend wird uns zuvörderst eine zwiefache (pag. 360), inwiefern sich in der Herrschaft des Höheren über das Niedere ausdrückt die Zusammengehörigkeit und inwiefern sich darin ausdrückt der Widerstand oder die Verschiedenheit," die „belebende Tugend" und die „bekämpfende Tugend" beide als verschiedene Eigenschaften ein und derselben Tugend. Zu diesem ersten Theilungsgrunde der Tugend findet Schleiermacher sodann noch einen zweiten, davon ausgehend, dass sie sittliche Kraft sei im einzelnen Leben, denn dieses ist in seiner Wechselwirkung mit dem Ganzen, die nie aufhört, sei es nun leidend oder empfänglich, sei es selbstthätig. In dem Menschen nun erscheint das Einzelleben, das dort als bewusstes und sich bewusst bleibendes gegeben ist, in den zwei Gestalten „des bewussten Insicheinbildens," worin die Empfänglichkeit, und „des bewussten aus sich heraus in die Welt Hinüberbildens," worin die Selbstthätigkeit vorherrscht (pag. 362) oder mit anderen Worten als Erkennen (oder Vorstellen) oder als Handeln, sei es nun wirksames oder darstellendes. Nur in dieser Zwiefältigkeit also als der allgemeinen Form aller Lebensthätigkeit kann die Form der Herrschaft des Geistigen im Menschen über das Niedere und somit die Tugend sich zweitens theilen in eine vorstellende und darstellende. Beide Eintheilungsgründe nun kreuzen sich und die bewirkende Tugend, sofern sie vorzüglich erkennend ist, heisst Weisheit, sofern aus sich herausbildend, Liebe, die bekämpfende Tugend hingegen ein Insichhineinbilden nennt Schleiermacher Besonnenheit, im Handeln Beharrlichkeit; in diesen vier Tugenden aber glaubt er alle anderen so mitgesetzt, dass sie sich durch die blosse Weiterführung der Theilung ergäben.

Wird im Tugendbegriff das Sittliche dargestellt „als die eine, aber sich mannigfaltig verzweigende, dem Menschen als handelndem einwohnende Kraft, in dem Begriffe des Gutes aber als dasjenige, was durch die gesammte Wirksamkeit jener Kraft wird und werden muss, so kann es in dem Pflichtbegriff nur dargestellt sein als das, was zwischen jenen beiden liegt d. h. als die sittliche Handlung selbst." „Die Entwickelung des Pflichtbegriffs muss also ein System von Handlungsweisen enthalten, welche nur aus der sittlichen Kraft und der Richtung auf die gesammte sittliche Aufgabe begriffen werden können" und ist also nur möglich, insofern die Beziehung auf die Gesammtheit der sittlichen Aufgabe und Kraft eine verschiedene ist. Bei diesem Begriffe der Pflicht als der vollkommenen sittlichen Richtigkeit einer Handlung kommt der Unterschied zwischen sogenannter blosser Gesetzlichkeit und Sittlichkeit nicht in Betracht. „Wenn der Pflichtbegriff" ferner (cf. pag. 381 382) „so seine Stellung hat zwischen dem Tugendbegriff und dem der Güter, so sollte man denken, die allgemeine Pflichtformel sei schon gegeben in dem Ausdruck: Handle in jedem Augenblick so, dass alle Tugenden in dir thätig sind in Bezug auf alle Güter." Doch „einestheils ist diese Formel an und für sich zur unmittelbaren Anwendung nicht geschickt" (weil das Verhältniss einer Handlung zu dieser Formel nicht durchweg bestimmt ist und unmittelbar erkannt werden kann), anderntheils „scheint sich unmittelbar kein anderer Eintheilungsgrund in derselben darzubieten, als entweder nach den Tugenden, welche thätig sind, oder nach den Gütern, welche angestrebt werden," wodurch die von Schleiermacher geforderte selbstständige Darstellung der Sittlichkeit als Pflichtenlehre illusorisch und untauglich würde der Darstellung der Sittlichkeit aus dem Begriffe der Güter, „welche immer die erste, objectivste und für sich selbst hinreichende bleibt," gleichsam als Rechnungsprobe zu dienen. Und dennoch stellt die obige Formel „den einen, das ganze sittliche Leben bedingenden Entschluss" dar, der zur pflichtmässigen Handlung erforderlich ist. Wir bleiben daher an dieselbe gewiesen, „und es kommt nur darauf an, dass wir ihn anderswie als nach Anleitung der Begriffe von Tugenden und Gütern anzuwenden wissen" (pag. 383). In der That lässt sich auch von diesem allgemeinen Entschlusse aus das ganze sittliche Leben betrachten. Das ganze Gebiet der pflichtmässigen Handlungen kann nämlich angesehen werden als ein universelles, d. i. „ein in allen gleichzusetzendes" und als ein individuelles, d. i. „ein für jeden eigenthümliches, von allen aber anzuerkennendes" Handeln. Damit ergeben sich aus der allgemeinen Pflichtformel folgende zwei: 1. Handle jedesmal gemäss deiner Identität mit andern, nur so, dass du zugleich auf die dir angemessene eigenthümliche Weise handelst," 2. „Handle nie als ein von andern Unterschiedener, ohne dass deine Uebereinstimmung mit ihnen in dem Handeln mitgesetzt ist." Ferner entstehen auch durch die beiden Momente des urspründlichen sittlichen Willens, Aneignen und Gemeinschaftbilden aus der allgemeinen Pflichtformel zwei besondere, einander ergänzende: 1. „Eigne nie anders an, als indem du zugleich in Gemeinschaft trittst," 2. „Tritt immer in Gemeinschaft, indem du dir auch aneignest." Diese beiden Eintheilungsgründe schneiden sich, und etwaige andere Pflichtformeln lassen sich einordnen unter diese vier, durch die wir erhalten die zwei Gemeinschaftsgebiete des Rechtes und der Liebe und die beiden Aneignungsgebiete des Berufes und des Gewissens, Gebiete, die sich gegenseitig bedingen und das ganze Gebiet des sittlichen Handelns umspannen.

Zwischen Pflichtmässigem und Pflichtwidrigem steht der Begriff des Erlaubten, über den die Ansicht Schleiermachers dahin geht, dass er sowohl in Rücksicht auf den Tugend- als auch den Pflicht- und Güterbegriff als ein nur auf sinnliche Antriebe zurückführbarer umsomehr seine Stelle im sittlichen Leben verlieren muss, zu je höherer Stufe dieses gelangt ist. Er ist eben ein Begriff, der nicht sowohl in das Gebiet der Sittlichkeit einschlägt, als vielmehr in das des positiven Rechtes und Gesetzes (pag. 439).

In der Abhandlung: „Ueber den Unterschied zwischen Natur- und Sittengesetz" endlich lernen wir Schleiermachers Fassung des Begriffes „Sittengesetz" kennen, der namentlich in der Ethik Kants, wie wir sahen, eine so grosse Rolle spielt. Um die Vergleichung der beiden Begriffe Naturgesetz und Sittengesetz zu erleichtern, setzt Schleiermacher für Sittengesetz praktisches Vernunftgesetz und führt die Ausdrücke somit auf den gebräuchlichen Gegensatz von Vernunft und Natur zurück. Doch noch auf eine andere Weise, meint er, sollen beide Begriffe verschieden sein: „Das Naturgesetz soll eine allgemeine Aussage enthalten von etwas, was in der Natur und durch sie wirklich erfolgt," das Sittengesetz aber „nur eine Aussage über etwas, was im Gebiete der Vernunft und durch sie erfolgen soll" (pag. 400). Die Frage nun, welche von beiden hieraus sich ergebenden verschiedenen Bedeutungen des Wortes Gesetz die ursprünglichere sei, hängt mit dem auf dem Gebiete der rationalen Sittenlehre so wichtigen, geheimnisvollen Begriff des „Sollen" zusammen. Dieses Sollen nämlich, ursprünglich auf eine Anrede zurückgehend, drückt die Anmuthung eines Gebietenden an einen Gehorchenden aus. „Wer soll nun aber in diesem sittlichen Sollen der anredende und wer der angeredete sein?" Da kommt Schleiermacher auf Grund der Untersuchung des Prototyps des Sollens, nämlich des bürgerlichen Gesetzes (pag. 405), zu dem Resultat, „dass auf dem sittlichen Gebiet Gesetz und Sollen genau mit einander verbunden sind, indem auch das Soll nichts anderes aussagt als die Allgemeinheit der sittlichen Bestimmung." „Ob nun aber alles sittliche unter dieser Form ausgesprochen werden kann, das wäre eine andere Frage." Jeder Entschluss schon, der als ein rein individueller entsteht, tritt nicht mit diesem Soll im Bewusstsein auf. So gelangte man, wenn auch zu einem anderen, als dem bisher statuirten Unterschied zwischen Natur- und Sittengesetz, nämlich dem, „dass alles natürliche, wie es geschieht, sich auf Gesetze zurückführen lässt, vermöge deren es geschieht, nicht aber im Gebiete der praktischen Vernunft alles auf solche Gesetze, vermöge deren es geschehen soll" (pag. 405). Bei dieser Gelegenheit wendet sich Schleiermacher polemisch gegen Kants kategorischen Imperativ. Dieser ist ihm „nur die bewusstlose, unentwickelte Form des Sittengesetzes und bekommt erst eine praktische Realität und eine wissenschaftliche Tractabilität, wenn er sich in den hypothetischen und disjunctiven entwickelt" (pag. 407). Durch die Untersuchung des durch ein gegensätzliches Verhältniss beider zum Sein begründeten Gegensatzes zwischen Natur- und Sittengesetz ergiebt sich dann ferner für Schleiermacher, dass jenes Kantische „Achtung vor dem Gesetze" eigentlich erst das Gesetz constituirt und die Wirklichkeit des Gesetzes selber ist, und dass man deshalb nur dann sagen könnte, „das Sittengesetz würde gelten, wenn auch nie etwas demselben gemäss geschehen, wenn man bei der äusseren Vollbringung der Handlungen stehen bleibt und nicht auf den Impuls zurückgeht." Aber „die bestimmende Kraft der Gesinnung ist das eigentliche ursprüngliche Sein, wodurch allein jede erscheinende That, sie sei nun vollkommen oder unvollkommen, an der Sittlichkeit Theil nimmt" (pag. 407). Das Gesetz ist demnach nur als ein ein Sein bestimmendes und nicht als ein blosses Sollen, das übrigens gar nicht erweisbar, das, was es ist. Ist so bei dem Vernunftgesetz das Sollen untrennbar von der Bestimmung des Seins, so ist auch beim Naturgesetz die Bestimmung des Seins durch das Gesetz davon untrennbar, „dass dem Gesetz auch ein Sollen anhängt," woraus die Identität des Verhaltens beider Begriffe sich ergiebt. So entwickelt sich für Schleiermacher durch eine Steigerung der verschiedenen Principien oder Potenzen im Entwicklungsleben der Erde (Gravitations- nebst Mischungs- und Entmischungsprocess, Vegetation, Animalisation, intellectueller Process), das Sittengesetz als das höchste individuelle Naturgesetz aus dem niederen (cf. pag. 416). „Im Allgemeinen ist es überall die Forderung der Gewalt des individuellen Seins über das elementarische und allgemeine, als des höheren über das niedere und das Naturgesetz liegt nicht auf der entgegengesetzten Seite wie das Sittengesetz sondern beide auf derselben." Die Folge davon ist, dass sich Naturwissenschaft und Sittenlehre in eine gemeinschaftliche Form hineinbilden lassen werden und für die Sittenlehre sich die Form als die beste ergiebt, „in welcher die Intelligenz dargestellt wird als aneignend und bildend und sich so in einer eigenen in sich abgeschlossenen Schöpfung offenbarend", d. h., wie wir schon oben angedeutet und noch des näheren sehen werden, die Darstellung unter dem Gesichtspunkte des Begriffes vom höchsten Gut.

Gehen wir nunmehr zur Darstellung der Construction dieses Begriffes selber über, so knüpft Schleiermacher nicht an den adjectivischen Gebrauch des Wortes gut an, wenn auch gut im

Sinne von förderlich oder nützlich oder dort, wo es von menschlichen Handlungen oder Gemüthszuständen gebraucht wird, die bloss als Mittel für andere gut sind, nothwendig mit zu dem Inbegriff des höchsten Gutes gehört. Ist aber eine Handlung oder ein Gemüthszustand an sich gut, so ordnet sich erstere ein unter den Begriff der Pflicht, letzterer aber unter den der Tugend und durch die Anwendung des Begriffes vom höchsten Gut in diesem Sinne wäre somit nichts gewonnen, was nicht schon durch den Gebrauch jener beiden Begriffe an die Hand gegeben. Von den substantivischen Gebrauchsweisen des Wortes Gut kommt die religiöse oder speculative, die nur mit einem uneigentlichen Ausdruck anstatt in der Liebe oder der Erkenntniss oder dem Genuss Gottes in Gott selber das höchste Gut erblickt, schon deswegen, die aber, die Gott so nennt im Sinne des vollkommensten Wesens, darum nicht in Betracht, weil sie damit nur auf den adjectivischen Gebrauch des Wortes gut zurückgeht. Die politische dagegen oder (national) oeconomische Gebrauchsweise, die „Grundstücke, Bergwerke, zum Erwerb bestimmte Gebäude" etc. Güter nennt, hat mit der ethischen die grösste Analogie und kann derselben füglich zur Erläuterung dienen (cf. pag. 457). „Jene Güter nämlich sind immer etwas aus der menschlichen Thätigkeit Hervorgegangenes aber zugleich etwas dieselbe in sich Schliessendes und Fortpflanzendes, wie auch alle alten Schulen, welche von diesem Begriffe in ihrer Ethik einen Gebrauch machten, wie verschieden sie auch im einzelnen ihn anwandten, dennoch insgesammt dadurch das durch die sittliche Thätigkeit Hervorgebrachte, insofern es dieselbe auch noch in sich schloss und fortentwickelte, bezeichnen wollten." Der Ausdruck „höchstes" aber ist nur in dem Sinne comparativ, „in welchem jedes Ganze grösser ist und vollkommener als seine einzelnen Theile, aber doch nicht erkannt und dargestellt werden kann, als insofern diesen dasselbe auch widerfährt." Gesundheit und Reichthum sowie die Kunst werden darum für Güter geachtet, weil sie eine Menge freier sittlicher Thätigkeiten, durch die sie entstanden, voraussetzen, ebenso aber auch ihrerseits zu sittlichen Thätigkeiten und Zuständen Anlass geben. Der Ausdruck „höchstes Gut" schliesst sonach die Aufgabe in sich, „den Inbegriff aller wahren

Güter so aufzustellen, dass ihre wesentliche Zusammengehörigkeit und die vollständige Lösung der sittlichen Aufgabe durch ihr Miteinander- und Füreinandersein zum klaren Bewusstsein kommen" (pag. 458). Der vollständige Inbegriff alles durch die Vernunft Bewirkten jedoch würde nur ein leeres Schattenbild sein, wenn in dieser Gesammtheit des Hervorgebrachten das Hervorbringende selbst, d. i. das pflichtmässige Handeln, welches in jedem Momente erneuernd wirkt, und die Tugend als das kräftige Leben der Vernunft nicht mit gesetzt wäre. Soll jedoch der Begriff des höchsten Gutes für die Behandlung der Ethik fruchtbar werden, so muss der Fehler vermieden werden, der seiner vollen Ausbildung bisher immer hinderlich gewesen, d. h. die Anwendung des Begriffes auf den einzelnen Menschen. Wohl ist auch die Tugend des einzelnen ein Gut und auch die Glückseligkeit, „nur nicht sein Gut besonders, sondern ein Gemeingut in dem sittlichen Kreise, dem er angehört, hervorgebracht und auch hervorbringend" (pag. 460), und nicht sind Tugend und Glückseligkeit zwei verschiedene Güter, sondern beide nur in ihrer Wechselbeziehung. Denn des einzelnen Menschen intelligente Thätigkeit lässt sich nicht isoliren von der Gesammtthätigkeit der menschlichen Vernunft, durch die sie sogar bedingt ist, und daher muss auf jene zurückgegangen werden, wenn vom Inbegriff aller Güter die Rede ist. „Diesen, dass ich mich so ausdrücke, als einen Organismus aufzustellen, in welchem jeder verwirrende Gegensatz von Mittel und Zweck aufgehoben, jedes Auseinander auch ein Ineinander, jeder Theil auch das Ganze ist, nichts aber mit aufgenommen wird, was nicht aus dem Leben der Vernunft im menschlichen Geschlecht entsprungen ist und dasselbe auch fortpflanzt und erneuert, das ist es, was ich mir unter einer Darstellung des höchsten Gutes denke" (pag. 460). „In diesem sind dann alle menschlichen Tugenden mitgesetzt. Denn irgend etwas in den Erscheinungen der Menschheit dem Begriffe des höchsten Gutes angehöriges kann nur durch das Zusammenwirken aller menschlichen Tugenden entstehen und bestehen" (pag. 461). „Ebenso können auch die Elemente dieser Wirksamkeit nichts anderes sein, als die von allen Orten hin ineinandergreifenden und einander aufnehmenden und ergänzenden pflichtmässigen

Handlungen." Alles wahrhaft Menschliche muss daher in einer Darstellung des höchsten Gutes aufzufinden sein und, sich nicht auf die Kleinlichkeiten des Lebens beschränkend, ist sie „der Maassstab für alle geschichtlichen Erscheinungen und der Schlüssel zu ihrem Verständniss," zugleich aber „auch die Verklärung des persönlichen Bewusstseins. Tugend- und Pflichtenlehre aber, die es mit alle dem Letztgenannten zu thun haben, werden, wenn sie auf eine solche umfassendere Darstellung des Sittlichen unter dem Begriffe des höchsten Gutes zurückgeführt werden, nichts von ihrem Gegenstande verlieren, jedoch bei verständiger Behandlung, in ihren einzelnen Positionen das Ganze abspiegeln."

In die Erscheinung zu treten beginnt das höchste Gut von dem Momente an, wo in das Entwicklungsleben der Erde das Princip der Vernunft eintritt, und der Mensch im Bewusstsein seiner Herrschaft über die untergeordneten Kräfte der Animalisation und der Vegetation und der anderen Potenzen, die bis dahin im Entwicklungsleben der Erde thätig gewesen, zu handeln beginnt. Doch da das Princip der Begeistung, in der Menschengestalt erscheinend, auch den Typus des Irdischen an sich tragen muss, so ist „die physische Vorbedingung, auf welcher auch schon der Anfang dieser Lösung beruht, die, dass die Geschlechter zusammen bestehen." „Nicht der einzelne als solcher ist ein selbstständiger Ort für die Wirksamkeit der Vernunft, sondern nur die Verbindung der Geschlechter zur Erneuerung der Individuen d. i. die Familie" (pag. 463). „Der einzelne ist ein solcher Ort nur innerhalb ihrer, oder wenigstens, sie vorausgesetzt." Denn die Verbindung der Geschlechter bedingt nicht nur „die Erneuerung jenes ursprünglichen Actes des Eintrittes der Vernunft in das irdische Leben," sondern übermittelt auch die Summe des von der früheren Generation schon Gewonnenen an die spätere. „Hier also ist das erste vollständige und für sich bestehende Gut, das erste wahrhaft organische sittliche Element im Ineinander des Hervorgebrachten und Hervorbringenden, ein Bild des Grossen und Ganzen" (pag. 464). Auch hier können wir also Vernunft und Natur nicht trennen und alles ist anzusehen als „durch die Vernunft und vermöge ihres Gesetzes gewirkt." Das universale Princip der Begeistung nun bleibt durch das Leben der Gattung ein und dasselbe, auf der anderen Seite jedoch tritt es in der einzelnen Persönlichkeit als solcher in individueller Ausprägung auf, gleichwie in der Gemeinsamkeit der Völker die Selbigkeit des einen Princips in bestimmter Weise hervortritt, ohne dass doch innerhalb derselben die Familien aufhörten als ein für sich selbständiges organisches Element sich in charakteristischer Weise abzuheben. Sind nun der einzelne sowohl, als die Familie, als das Volk ein Ort für die Verwirklichung des höchsten Gutes, so kann dieses vollständig doch nur geschaut werden in der Gesammtheit des Menschengeschlechts, dieses gefasst nicht „als eine Gesammtheit vernünftiger Wesen überhaupt, sondern als in dieser Organisation und unter den Bedingungen dieses Weltkörpers lebende Vernunft." Das höchste Gut ist „die Gesammtwirksamkeit der Intelligenz auf dieser Erde vermittels der menschlichen Organisation" und „nicht eine Zusammenstellung der einzelnen Güter als gleicher, sondern ein Inbegriff von ihnen als ungleichen." Da nun das geistige Princip im Menschen nur wohnen kann als Bewusstsein, so ergeben sich zwei Richtungen, in denen es sich äussert und mithin überhaupt das geistige Leben der Völker begriffen ist, 1. „dass alles Sein ins Bewusstsein aufgenommen werde auf das Vollkommenste" und 2. „dass, indem alles dem Menschen unterworfen wird, auch das innerste Wesen des Geistes jeglichem Sein und Erscheinen eingebildet werde auf das Vollkommenste" (pag. 425).

Diese beiden Richtungen nun, in denen sich die ganze Vernunftthätigkeit äussert, geben für Schleiermacher einen Eintheilungsgrund bei der Näherbestimmung des Inhaltes seines Begriffes vom höchsten Gute ab. Nur scheinbar ist bei dem ersten Momente das beschauliche oder auch geniessende Leben, bei dem zweiten aber von der dritten der griechischen Lebensweisen, der thätigen, nur das künstlerische Leben berücksichtigt, das praktische dagegen vernachlässigt, das ergiebt sich für Schleiermacher, wenn er die beiden ersten Formeln durch zwei neue erläutert, die auf dasselbe hinauskommen. Da „das lebendige Sein der Vernunft in der Organisation im Begriffe des höchsten Gutes vorausgesetzt wurde und als Ziel seiner Verwirklichung „die Gesammtwirksamkeit der Vernunft in allem irdischen Sein" sich ergab, so ist das Werden des höchsten Gutes in alle dem zu setzen, was von jenem Ausgangspunkt zu diesem seinem Ziele hinüberleitet, ein Moment, bei dem „das Vorhandensein lebendiger Beziehungen zwischen der ursprünglich mit der Vernunft geeinigten Organisation und der übrigen Natur" vorausgesetzt ist. Diese Thätigkeit beim Werden des höchsten Gutes bezeichnet Schleiermacher als die organisirende Vernunftthätigkeit und setzt ihr Ziel, d. i. die hierher gehörige Seite des höchsten Gutes in dem „möglichsten Organisirtsein der gesammten irdischen Natur für die geistigen Functionen der Menschheit" (pag. 477). „Die Möglichkeit aber diese Seite des höchsten Gutes auch nur als werdendes zu realisiren, beruht darauf, dass es Vernunftthätigkeiten gebe, wodurch die Vernunft sich selbst erkennbar macht." Diese zweite Vernunftthätigkeit ist die symbolisirende. „Schon das Gattungsleben als solches ist nicht denkbar, wenn nicht die Vernunft der Eltern in Gestalt und Bewegung der Kinder sich selbst erkennt." Wenn dieses der Anfang des Werdens des höchsten Gutes nach dieser Seite hin, so wäre das Ende, „wenn die gesammte Vernunft sich manifestirte in der gesammten Natur, so dass alle Vernunft erkannt würde und alle irdische Natur in diese Kundmachung einginge." Beide Vernunftthätigkeiten bedingen sich wechselseitig, und ausser ihnen giebt es keine weiteren, durch welche dem höchsten Gute Elemente hinzugefügt werden könnten, und, was in den ersten Formeln vernachlässigt zu sein scheint, ist hier offenbar bedacht. Beide Paar Formeln aber gehen in einander auf und füllen sich ganz aus, denn „das Bewusstsein muss sowohl allem eingebildet sein, woran die Vernunft handelnd soll erkannt werden," als auch „die Vernunft sich nur irgendwie manifestiren kann, sofern sie Sein in's Bewusstsein aufgenommen" (cf. pag. 439). Zu diesem Gegensatz des sittlichen Processes kommt jedoch noch ein zweiter, oben schon angedeuteter. Schon vor jeder sittlichen Thätigkeit nämlich, sahen wir, ist die Vernunft in der Einzelperson mit einem Eigenthümlichen geeinigt, das demgemäss auch der nachfolgenden Thätigkeit sein Gepräge aufdrücken muss (cf. pag. 480). Dessenungeachtet aber bleibt die Vernunft, sofern sie eine universelle, in allen ein und dieselbe, und diese Selbigkeit kommt auch bei aller Thätigkeit zur Erscheinung. Darnach ergeben sich Individualität und Universalität als zwei andere, beziehungsweise entgegengesetzte, Formen des sittlichen Processes, und organisirende sowohl als symbolisirende Thätigkeit werden in allen ihren Beziehungen unter dem Einfluss der einen oder anderen Form sich modificiren. Familie und Staat, Geselligkeit, Wissenschaft und Kunst, nationale und kirchliche Gemeinschaft sind sittliche Grössen (Orte des höchsten Guts), in jeder von ihnen herrscht eine gestaltende und darstellende Thätigkeit, sei es nun in mehr universeller oder mehr individualisirender Ausprägung. Und: „Alles dieses ist eins und keines ohne das Andere; aber je nachdem wir den einen Standpunkt nehmen oder den andern, erscheint das höchste Gut bald als das goldene Zeitalter, in der ungetrübten und allen genügenden Mittheilung des eigenthümlichen Lebens, bald als der ewige Friede in der wohlverdienten Gemeinschaft der Völker über die Erde oder als die Vollständigkeit und Unveränderlichkeit des Wissens in der Gemeinschaft der Sprache und als das Himmelreich in der freien Gemeinschaft des frommen Glaubens, jedes von diesen in seiner Besonderheit, dann die anderen in sich schliessend und darstellend" (pag. 466).

Gehen wir nunmehr zur Vergleichung der beiderseitigen Auffassungen unseres Begriffes über, wie wir dieselben im Vorhergehenden klarzulegen uns bemüht, so leuchtet gleich soviel ein, dass der Begriff bei Schleiermacher eine weit grössere Ausprägung und Durchbildung gefunden als bei Kant, ein Umstand, der schon durch die Verschiedenheit der Ausgangspunkte beider Philosophen bei der Construction des Begriffes, die wir schon oben berührten, bedingt ist. Bildet nämlich bei Kant der Begriff des höchsten Gutes den krönenden Abschluss seiner ethischen Principienlehre, so bei Schleiermacher erst den Ausgangspunkt seiner ethischen Untersuchungen überhaupt. Jenem ist der Begriff die leuchtende Kuppel auf dem Dome, dessen Bild in der tiefsittlichen Persönlichkeit seines Erbauers schon lange gelebt, ehe dessen kühner Geist es zur Wirklichkeit gemacht, diesem dagegen ist der Begriff die feste Grundmauer, ohne die er den Plan eines nicht minder hehren Baues nicht ausführen kann, den auch er in genialer Anschauung schon fertig vor sich geschaut. Wie für die Kantische Ethik es überhaupt characteristisch ist, dass er durchweg den Gedanken des Apriorischen verwendet, um dadurch den sittlichen Verhältnissen Sicherheit und Nothwendigkeit zu geben, so ist auch im Besondern die Construction des Begriffes vom höchsten Gut eine a priorische zu nennen, denn das höchste Gut ist nach Kant „der nothwendige höchste Zweck eines moralisch bestimmten Willens", die Verbindung des Sittengesetzes mit dem Willen aber synthetisch und a priori, während Schleiermacher wesentlich ein analytisches Verfahren einschlägt, denn, ausgehend von dem Eingetretensein des geistigen Principes in die Welt, deducirt er aus den vorhandenen und zukünftigen Wirkungen desselben in ihr die einzelnen Faktoren des höchsten Gutes. Durch den Gang seines Philosophirens selber, sagten wir früher, also ein rein theoretisches Interesse, wird Kant zu dem

Begriffe des höchsten Gutes gedrängt, während Schleiermacher im Grunde nur das praktisch-technische Bedürfniss nach einer besseren Methode für die wissenschaftliche Behandlung der Ethik, als die, welche seine Vorgänger auf der Grundlage des Tugend- und Pflichtbegriffes eingeschlagen, auf diesen lange vernachlässigten Begriff des höchsten Gutes zurückgehen hiess. Hiermit soll freilich nicht gesagt sein, dass der Begriff vom höchsten Gut unvermittelt in dem Schleiermacherschen Gedankenzusammenhange auftritt.

Ist so schon hinsichtlich der bei der Construction des Begriffes obwaltenden Gesichtspunkte eine Verschiedenartigkeit zwischen beiden Philosophen zu constatiren, so werden wir gleich von vornherein auch eine solche annehmen dürfen in Bezug auf die Fassung des Begriffes selbst sowohl dem Inhalt als Umfange nach, zumal wenn wir berücksichtigen, wie auch die Auffassungen der Philosophen hinsichtlich der unseren Begriff bedingenden Begriffe: Natur- und Sittengesetz, Tugend und Pflicht etc. nicht in jeder Richtung dieselben sind. Am besten nun würden wir bei der Vergleichung der beiden Auffassungen nach dieser Seite hin anknüpfen an etwaige Definitionen des Begriffes. Eine solche würden wir für Kant finden können in den Sätzen: „Das höchste Gut ist der nothwendige höchste Zweck eines moralisch bestimmten Willens" oder „Das höchste Gut ist Object und Endzweck der reinen praktischen Vernunft" und für Schleiermacher in dem Satze: „Das höchste Gut ist die Gesammtwirksamkeit der Intelligenz auf dieser Erde vermittels der menschlichen Organisation." Einem oberflächlichen Beobachter könnten beide Sätze auf dasselbe hinauszugehen scheinen. Zerlegt man jedoch die so definirten Begriffe in ihre verschiedenen Merkmale, prüft man speciell bei beiden Philosophen das Verhältniss der dem Begriffe des höchsten Gutes untergeordneten Begriffe: höchstes, Gut, Zweck, moralisch bestimmter Wille etc., so werden sich sogleich namhafte Unterschiede ergeben.

Das „höchste" Gut ist nach Kant nicht sowohl das grösste, als das vollkommenste, nicht nur das werthvollste, sondern auch die Summe aller Güter. „Höchstes" ist nach Schleiermacher nur in dem Sinne comparativ, in welchem das Ganze grösser ist als seine Theile, aber doch so, dass es nur durch sie erkannt und dargestellt werden kann. Das „höchste" Gut ist nach ihm der Inbegriff aller wahren Güter bestimmend die vollständige Lösung der sittlichen Aufgabe durch ihr mit und für einander Sein; es ist nicht nur eine Zusammenstellung der einzelnen Güter als gleichen, sondern ein Inbegriff von ihnen als ungleichen, d. h. Kant sowohl als Schleiermacher sehen in dem Begriffe des höchsten Gutes das Ziel des sittlichen Processes, unterscheiden sich aber insofern, als Kants Begriff eine starr geschlossene Einheit, einen Begriff von abstrakter Allgemeinheit bildet, während Schleiermachers Begriff, als Inbegriff aller Güter, schon den Grund der Eintheilung in sich trägt und wahren realen Inhalt erst gewinnt durch die auch das Ganze bestimmenden Theile. Kant stellt zwar in dem Begriffe des höchsten Gutes für das sittliche Handeln, das er bislang nur durch ein formales Gesetz bestimmt hat, einen Endzweck auf, doch kann von ihm an sich seiner abstrakten Allgemeinheit wegen ein realer Gebrauch nicht gemacht werden. Der Begriff des höchsten Gutes ist ihm „eine Idee, die ganz zum übersinnlichen Verhältniss der Dinge gehört und nur ihre Folgen, die Handlungen zur Verwirklichung des höchsten Gutes, gehören dem Gebiet der Sinnenwelt an." Es ist ihm gerade das eine verhängnissvolle Täuschung der früheren Sittenlehrer, dass sie das höchste Gut schon auf der Erde verwirklicht glaubten in einem proportionalen Verhältniss von Tugend und Glückseligkeit.

Während ferner Schleiermacher bei der Bestimmung des Wortes „gut" den adjectivischen Gebrauch im Sinne von „förderlich, nützlich, sittlich" etc. verwirft, sowie von dem substantivischen weder den religiösen, noch speculativen gelten lässt, sondern vielmehr den (national)oeconomischen zur Erläuterung des ethischen Gebrauches heranzieht, wonach Güter sich bestimmen als „etwas durch menschliche Thätigkeit Hervorgebrachtes und zugleich diese in sich Schliessendes und Fortpflanzendes", sehen wir, dass Kant eine ausdrückliche Näherbestimmung nicht hat. Er fasst das Wort in dem natürlichen, hergebrachten Sinne als Erstrebenswerthes, Werthvolles. Beide Philosophen jedoch setzen den Begriff in Beziehung zu dem adjectivischen Gebrauch des

Wortes „gut", denn das Handeln, das zu seiner Verwirklichung geschieht, soll nach Beiden ein sittliches sein. Nach Kant aber ist „gut" allein ein guter Wille und zwar dieser ganz abgesehen von seiner Tauglichkeit zur Erreichung eines Zweckes; er macht den Werth einer Handlung nicht von der Wirklichkeit des Gegenstandes, sondern allein von dem Princip des Wollens abhängig, während Schleiermacher den Begriff des tugend- und des pflichtmässigen Handelns für leer erklärt, wenn nicht in diesem Begriffe ein Hervorgebrachtes oder Bewirktes mitgedacht wird. Für Kant ist das höchste Gut eine Idee der praktischen Vernunft, und will er ihr concreten Inhalt geben, so giebt er, bald hinweisend auf das Werden desselben in einem Reiche Gottes auf Erden, bald auf ein hinter diesem Erdenleben anhebendes Himmelreich als seine Erfüllung, bald auf Gott selbst als auf seine concrete Gestaltung, durch dieses Schwanken selbst das Zugeständniss, dass er den Begriff des höchsten Gutes mit seinem Verstande nicht umfassen oder ausdenken kann, wie er ja auch seinen Gegenstand selbst bezeichnet als Glaubenssache. Das höchste Gut ist für Kant die Vorstellung von einem „Ideal, auf das wir hoffend schauen dürfen", ein rein innerliches Ziel für das menschliche Handeln und zugleich ein Beurtheilungsmaassstab für dasselbe im Gegensatz zu Schleiermachers realistischer Vorstellung eines Inbegriffes von dem durch sittliche Thätigkeit factisch Gewordenen, das zu neuer sittlicher Thätigkeit anregt. Hierbei wäre zugleich noch auf den ferneren Unterschied aufmerksam zu machen, dass der Begriff im Sinne Schleiermachers nicht auf den einzelnen Menschen angewendet werden darf, sondern dass „nur auf die Gesammtthätigkeit der menschlichen Vernunft zurückgegangen werden kann, wenn vom Inbegriff aller Güter die Rede ist, während bei Kant, der freilich auch das höchste Gut hinstellt als den gemeinsamen Zweck jeder Gattung vernünftiger Wesen und nur in einem Gemeinwesen dasselbe sich realisiren lässt, das höchste Gut doch wieder in direkte Beziehung tritt zu dem sittlich zu bestimmenden freien Willen der Einzelpersönlichkeit, denn bei Schleiermacher trägt zwar auch das das höchste Gut befördernde sittliche Handeln den Stempel der Individualität, doch ist diese bei ihm schon „vorsittlich" bestimmt. Für ihn bezeichnet überhaupt der Begriff des höchsten Gutes mehr ein Verhältniss des Menschen zu dem, was geschieht oder geschehen ist, als zu dem, was geschehen soll, wie es ja seine Identificirung von Natur- und Sittengesetz nach Seite des Soll und seine Stellung gegenüber dem kategorischen Imperativ Kants, erklärlich macht. Kant hat die Allgemeinheit der sittlichen Bestimmung, die nach Schleiermacher in dem „Soll" liegt, zu vereinigen gewusst durch den Begriff der Freiheit mit dem sittlichen Handeln, das „aus einem rein individuellen Entschluss entsteht, während Schleiermacher, der in dem Sittengesetz erblickt das höchste individuelle Naturgesetz, für den Begriff der Freiheit bei der Construction seines Begriffes vom höchsten Gut gar keine Stelle gehabt hat. Schleiermacher unterscheidet zwar zwischen einem oberen und einem unteren Begehrungsvermögen, ähnlich wie Kant zwischen einem reinen und einem empirischen Willen und statuirt so gleich ein Gebieten von Seite des ersteren gegenüber dem gehorchenden letzteren, doch während bei Kant der Gedanke des Gesetzes durchaus als erhaben gefasst war, ist für Schleiermacher die Tugend als Kraft schon vorhanden, ehe das Gesetz gebietend herantritt, d. h. er ist Determinist im Unterschied von Kant, dem Indeterministen.

Unterziehen wir nunmehr die beiden Fassungsweisen unseres Begriffes hinsichtlich ihrer einzelnen Elemente einer näheren Prüfung, so sind es bei Kant die beiden Elemente der Tugend und der Glückseligkeit, in die sich der Begriff des höchsten Gutes zerlegte und auch die Schleiermachersche Fassung des Begriffes hat dieselben aufzuweisen, denn auch ihm ist „in dem Begriffe des höchsten Gutes pflichtmässiges Handeln und Tugend mitgesetzt" und andererseits fehlt auch das Moment der Glückseligkeit in seiner Fassung des Begriffes als der Summe aller Güter nicht. Doch wie steht es bei Kant und Schleiermacher um die Art der Verbindung dieser beiden Elemente, die ja von jeher bei der Bestimmung des Begriffes vom höchsten Gut eine Rolle gespielt? Bei Kant, sahen wir, ist die erste Bedingung des höchsten Gutes das oberste Gut, die Sittlichkeit, Glückseligkeit aber erst das zweite Element in unserem Begriffe und zwar so, dass das erstere Ursache des letzteren ist, eine Möglichkeit, die sich ihm im letzten Grunde ergiebt aus seiner Unterscheidung von empirischem und reinem Ich, von Sinnen- und Vernunftwesen, empirischem und intelligiblem Charakter. Schleiermacher hingegen fasst den Menschen gar nicht mehr auf in dieser dualistischen Weise, sondern vielmehr in lebendiger Einheit von Natur und Geist, in lebendiger Gemeinschaft mit der Welt, eine Einheit, die sich darstellt in der concreten Totalität der Persönlichkeit und ihrer Entwicklung. Die drei Begriffe Tugend, Pflicht und Güter machen jeder für sich ihm den ganzen Umfang des Sittlichen aus, jedoch so, dass jeder das Sittliche in einer anderen Beziehung darstellt, die Tugend als Kraft, der Güterbegriff als dasjenige, was durch die gesammte Wirksamkeit jener Kraft wird und werden muss, der Pflichtbegriff endlich als die Handlung selbst. Tugend und Glückseligkeit sind ihm nicht zwei verschiedene Güter, sondern beide nur solche in ihrer Wechselbeziehung. Zeigte sich bei Kant die Tugend wesentlich in dem Kampfe der reinen praktischen Vernunft mit empiristischen Triebfedern, so hat bei Schleiermacher die Tugend ausser der bekämpfenden wesentlich eine belebende Seite, und würde also gemäss seiner positiven Fassung des Tugendbegriffes Schleiermacher auf die Frage nach dem höchsten Gute dieses anschaulich machen können durch Hinweisen auf die realen Theile desselben, wie sie die Sinne ringsum in der Welt wahrzunehmen im Stande sind, so würde Kant wohl kaum anders antworten können als mit der Hoffnung des Dichters: „Es muss doch Frühling werden!" Für Schleiermacher kommt es ja überhaupt bei dem Begriffe des höchsten Gutes hauptsächlich, insofern er sich analysiren lässt, also auf seine äussere, technische Brauchbarkeit an, während für Kant der Begriff gerade als einheitlicher, nämlich als Endzweck des menschlichen Handelns seinen vollen Werth hat. Aus alle dem folgt, dass für Schleiermacher die grosse Schwierigkeit einer Verbindung von Tugend und Glückseligkeit im Begriffe des höchsten Gutes, die doch Kant so grosse Mühe gekostet, gar nicht vorhanden ist. Im Grunde beruht dieses aber darauf, dass Schleiermacher durch den Begriff des höchsten Gutes alle sittlichen Verhältnisse bestimmt, während umgekehrt Kant den Begriff des höchsten Gutes herleitet aus dem Wesen der Sittlichkeit, die nach ihm reale

Zwecke ausschliesst. Geht man noch weiter zurück, so kommt auch noch dieses hinzu, dass bei der Construction des Begriffes Schleiermacher ausgeht von der optimistischen Voraussetzung des Eingetretenseins der Vernunft in die Welt, ohne auch nur die leiseste Rücksicht zu nehmen auf ein etwaiges negatives Princip, wie das Kantische radicale Böse, das dem Vernunftprincip widerstritte.

Was nun die Beförderung des höchsten Gutes anlangt, so ist diese nach Kant ein a priori nothwendiges Object unseres Willens und nur möglich durch einen gemeinsamen Widerstand aller gegen das böse Princip, seine Verwirklichung aber nach Seite des ersten Elementes, der Tugend, nur unter der Voraussetzung der Existenz Gottes, nach Seite der Glückseligkeit nur unter der Voraussetzung eines unendlichen Progresses, nämlich der Unsterblichkeit der Seele. Schleiermacher hat das Verhältniss seines Begriffes vom höchsten Gut zu der Gottes- und Unsterblichkeitsidee nicht näher klar gelegt, ihm ist die Beförderung des höchsten Gutes ein Entwicklungsgesetz der Menschheit auf der begeisteten Erde. Auch ihm ist also das höchste Gut nur ein werdendes, das vollständig geschaut nur werden kann auch in einem unendlichen Progressus, nämlich der Gesammtheit des menschlichen Geschlechtes. Beide schauen es sodann bald als Himmelreich, bald als das Reich eines ewigen Friedens.

Prüfen wir nunmehr die Folgen, die die verschiedenen Fassungen des Begriffes vom höchsten Gut bei beiden Philosophen hinsichtlich ihrer Systeme und zwar erstens des Standpunktes derselben gehabt haben, so müssen wir namentlich bei Kant uns davor hüten, dass wir nicht Eigenthümlichkeiten seines Standpunktes auf diesen Begriff zurückführen, deren Quellen weit vor diesem sich aufthun. Da ja, wie schon bemerkt, bei Kant der Begriff durchaus die Rolle nicht spielt wie bei Schleiermacher, vielmehr in der Ausführung seiner Ethik als Tugend- und Rechtslehre auf denselben von Kant gar nicht mehr Rücksicht genommen wird, so mag es genügen, den Einfluss, den der Begriff des höchsten Gutes auf den Standpunkt der Kantischen Ethik gehabt hat, mit Erdmanns Worten zu charakterisiren, der sich Gesch. d. Philos. § 300. 10. dahin ausspricht: „Wenn Kant schon in dem, was ihm den Inhalt seiner ethischen Pflichten bildet, das Dritte leistet, was als Aufgabe einer organischen Verschmelzung angegeben ward, nämlich die Wahrheit des realistischen Eudaemonismus und der rationalistischen Vollkommenheitslehre anerkennt, so geschieht dies noch mehr in dem, was er als das letzte Ziel alles rechtlichen sowohl als moralischen Handelns angiebt. Es ist dies das höchste Gut" etc. Anders liegt die Sache bei Schleiermacher, denn von ihm wissen wir, dass er gerade von der Analyse des Begriffes vom höchsten Gute aus eine Ethik aufbauen will. Sollte aber nicht durch die Fassung dieses Begriffes auch der Charakter der Ethik bestimmt sein? In der That, hatte Kant, um mit Dorner (pag. 69) zu reden, gegenüber dem Eudämonismus das a priorische Gesetz aufgestellt und dadurch aus dem Schwankenden des subjectivischen Standpunktes herauszuführen gesucht, anknüpfend an die dem Subjecte unmittelbar gewisse Norm, so blieb es Schleiermacher vorbehalten, das abstracte Gesetz aus seiner einsamen a priorischen Höhe zu befreien, in der es zu erstarren drohte. Dem Gegensatze von Naturgesetz und Vernunftgesetz bei Kant, der das „Soll" des kategorischen Imperativs gebiert und der Ethik die Form der Pflichtenlehre verschafft, sucht Schleiermacher gleich von vornherein zu entgehen, indem er „die Durchdringung von Natur und Vernunft zur Aufgabe stellt und schon als den Beginn dieses Processes die vorsittliche Entstehung der Individualität ansieht, in welcher Besonderes und Allgemeines schon theilweise durchdrungen sind, also nicht das Allgemeine abstract, sondern concret gefasst wird." Da wir ferner gewiss beistimmen können, wenn rücksichtlich der engen Verbindung, in die Kants Kr. d. U. das Sittliche mit der Kunst setzt, wiederum Dorner pag. 127 sagt: „Kant hat ahnend, man möchte sagen, mit intellectueller Anschauung, die er selbst dem Menschen versagt glaubt, die höchste Aufgabe des Ethischen ausgesprochen, dass das Allgemeine dem Concreten einzubilden sei, und beide sich durchdringen müssen", so dürfen wir gewiss von Schleiermacher nunmehr constatiren, dass er diese höchste Aufgabe des Ethischen nicht nur in intellectueller Anschauung, die bei ihm ja bekanntlich eine grosse Rolle spielt, geahnt, sondern auch gerade durch die dialectische Bearbeitung des Begriffes vom höchsten Gut zu formuliren versucht hat. Von dem Rigorismus aber, den man Kant seit Schiller's bekanntem Distychon, vielfach sogar in allzu schroffer Weise, zum Vorwurf gemacht hat, ist der liebenswürdige Optimist Schleiermacher gänzlich frei.

Von der grössten Wichtigkeit endlich wird bei Schleiermacher der Begriff des höchsten Gutes für die Methode und den Umfang seiner Ethik, während er auch hier bei Kant nicht fruchtbringend ist, der nach Dorner pag. 85 überhaupt ethisch keine Güterlehre zu construiren vermag, weil seine Ethik überwiegend negativen Charakter hat. Denn Schleiermacher sucht durch Wiederaufnahme dieses in der Ethik vernachlässigten Begriffes dem Fehler der Unvollständigkeit und Verwirrung in der Bestimmung der Begriffe des Sittlichen abzuhelfen, dem seine Vorgänger verfielen, indem sie die Ethik wesentlich als Tugend- und Pflichtenlehre construirten. Und wenn auch Schleiermacher in der Ausführung seiner Ethik, wie sie in der von Alex. Schweizer herausgegebenen „philosophischen Sittenlehre" uns vorliegt, eine selbstständige Behandlung der Ethik als Tugend- und Pflichtenlehre hat, so nimmt doch den weitaus grössten Theil derselben seine Lehre vom höchsten Gute ein. Die Fassung nämlich des Begriffes vom höchsten Gut als Gesammtwirksamkeit der Intelligenz auf dieser Erde hat ihn dazu geführt, die Vernunftthätigkeit dialectisch zu zergliedern und alle sittliche Realität darzustellen als ein organisirendes und symbolisirendes Handeln in individueller und universeller Ausprägung. Das System der Ethik hat ihm daher dieses viertheilige Schema dergestalt auszuführen, dass es zeigt, nach welchem Antheil der einen oder der anderen Function sich der sittliche Process unter die Erscheinungsformen des Lebens vertheilen und einem gemeinsamen Ziele zustreben muss. Wissenschaft und Kunst, die Ordnungen des geselligen Lebens, Familie und Staat, nationale und kirchliche Gemeinschaft hat sonach die Ethik in den erweiterten Kreis ihrer Betrachtungen zu ziehen. Besonders charakteristisch ist es hier für Schleiermacher, dass er auch die Religion auf eine solche Wirksamkeit des Vernunftprincipes zurückführt und somit in noch weit engere Beziehung zur Ethik setzt als Kant, der, wie wir sahen, durch den Begriff des höchsten Gutes von der Moral zur Religion hinübergeführt ward. Schleiermachers Ethik ist eben auch eine Ethik im grösseren Styl, nicht mehr praktische Moralphilosophie wie die Kants, ist sie vielmehr „die universale Wissenschaft der Gesichtsprincipien, ein Maassstab für alle geschichtlichen Erscheinungen und ein Schlüssel zu ihrem Verständniss." Im Unterschied von der empirischen Geschichtswissenschaft soll sie, unbekümmert um den Unterschied der Zeiten und Räume das System der geistigen Thätigkeiten erforschen, welches immer wieder den tragenden Grund aller Geschichtsvorgänge bildet. Die Ethik ist ihm das Formelbuch der Geschichtskunde und diese das Bilderbuch der Ethik.

Bei Kant also sowohl, als auch besonders bei Schleiermacher sehen wir den Begriff vom höchsten Gute eine grosse Rolle spielen, bei dem einen auf Grundlage des Indeterminismus, bei dem andern auf der des Determinismus. Diente er beim Ersten als ein rein innerlicher Beurtheilungsmaassstab für das sittliche Handeln, so bei dem Zweiten als Beurtheilungsmaassstab für alle die äusseren Güter, die freilich auch nur durch sittliche Thätigkeit zu gewinnen sind. Ist bei Kant die Logik der Begriffsbildung grösser als bei Schleiermacher, so ist bei diesem dafür der Begriff dialectisch durchgeführter und demgemäss bei ihm die Zweckmässigkeit der Begriffsbestimmung grösser als bei Kant. Diesem letzteren Umstand ist ja auch hauptsächlich der Einfluss zu danken, den die philosophische Sittenlehre Schleiermachers auf eine grosse Zahl seiner Nachfolger auf dem Arbeitsfelde speciell der christlichen Sittenlehre geübt hat, wenn man ihm auch den Vorwurf gewisser Willkür und Künstelei gerade nach dieser Seite hin nicht ersparen konnte. Sicher wird auch Schleiermachers Betonung der Darstellung des Sittlichen unter dem concreten Begriffe der Güter als der ersten, objectivsten und für sich allein hinreichenden von bleibendem Werthe für die Behandlung der Ethik bleiben, wenn auch nicht in der schroffen Ausschliesslichkeit Schleiermachers. Denn gerade der realistische Zug des Zurückgehens auf den national-oeconomischen Gebrauch des Wortes „Gut" müssen wir als einen Vorzug Schleiermachers vor Kant ansehen, hat er es ihm doch ermöglicht, die Arbeit der Ethik auszudehnen auf grosse Gebiete des geistigen Lebens, die bislang von der Moralphilosophie im gewöhnlichen Sinne gänzlich unbeachtet geblieben waren und muss auch an und für sich schon (cf. Sigwart Log. II pag. 566) die positive Idee des höchsten Gutes ausser den bloss formalen Principien der Einheit und Uebereinstimmung des Wollens „noch weitere, in den thatsächlichen natürlichen Willensrichtungen des Menschen liegende Gesichtspunkte herbeiziehen und auf die im Gefühl sich ausdrückenden Werthe der Zwecke zurückgehen." Ein fernerer Vorzug der Schleiermacherschen Fassung des Begriffes vom höchsten Gut vor der Kantischen ist auch zu sehen in dem Princip der Individualität, durch das, wie wir schon berührten, Schleiermacher die sittlichen Begriffe von der schwindelnden Höhe abstracter Allgemeinheit, zu der sie durch Kant geführt waren, wieder befreite. Ein Vorzug Kants vor Schleiermacher aber ist dessen Betonung des höchsten Gutes als „ein schönes Ideal", als etwas rein Innerliches, als „Glaubenssache" im Gegensatz zu der Schleiermacherschen Auffassung der Lehre vom höchsten Gut als Wissenschaft der Geschichtsprincipien, in der er eine objective Einsicht in die göttliche Weltordnung zu haben vermeint, in Bezug auf die wir ruhig das Bekenntniss unseres Nichtwissens aussprechen. Denn so bildet der Begriff vom höchsten Gute für Kant lediglich ein regulatives Princip, für Schleiermacher dagegen ein constitutives; er deducirt aus ihm als aus einem Axiome, was uns vorerst ein Problem ist, das wir denn auch nicht auf apriorische, sondern nur auf aposteriorische Weise bearbeiten können. Zu tadeln aber geradezu an Schleiermacher wäre wohl die optimistische Nichtbeachtung dessen, was Kant, allerdings auch zu weit gehend, darstellt als das „radicale Böse", die nach Obigem für Schleiermacher doppelt verhängnissvoll werden muss.

Inhaltsangabe.

Einleitung:
    1. Begründung des Themas (pag. 1).
    2. Angabe der Quellen (pag. 1—2).
    3. Angabe der Hülfsmittel (pag. 2).

Ausführung:

(pag. 3—14)   I. Darstellung des Begriffes nach Kant und zwar
    1. des Standpunktes der Construction als begründet sowohl
       a) in der Philosophie Kants, als auch
       b) in dem Standpunkte seiner Vorgänger,
    2. der Construction selbst.

(pag. 15—28) II. Darstellung des Begriffes nach Schleiermacher und zwar
    1. des Standpunktes der Construction,
    2. der Construction selbst.

(pag. 29—38) III. Vergleich der Auffassungen beider
    1. hinsichtlich des Begriffes an sich,
    2. hinsichtlich seines Verhältnisses zu dem Ganzen der Ethik: ihrem Standpunkt, ihrer Methode, ihrem Inhalt und Umfang.

Schluss: Kritische Zusammenfassung der Resultate (pag. 38—39).

Verfasser erlaubt sich an dieser Stelle seinen hochverehrten Lehrern, den Herren: Geh. Regierungsrath Prof. Dr. E. Zeller, Prof. Dr. W. Dilthey in Berlin, sowie besonders Prof. Dr. G. Class in Erlangen für vielfache Anregung und liebenswürdigste Förderung seinen wärmsten Dank auszusprechen.